Das Problem der Grundbesitzverteilung

in geschichtlicher Entwicklung.

Das Problem
der
Grundbesitzverteilung
in
geschichtlicher Entwicklung.

Vorlesung
gehalten beim Antritt des Lehramts an der Wiener Universität
am 15. Oktober 1889
von
August von Miaskowski.

Leipzig,
Verlag von Duncker & Humblot.
1890.

Das Recht der Übersetzung bleibt vorbehalten.

Im Nachfolgenden übergebe ich meine an der Wiener Universität gehaltene Antrittsvorlesung ihrem Wortlaute nach der Öffentlichkeit. Die gehaltene und die zum Abdruck gelangende Vorlesung decken sich nur insofern nicht, als die letztere einige nähere Ausführungen, namentlich über die neuere irisch=englische und livländisch=russische Gesetzgebung enthält, die im Vortrage selbst wegen der Kürze der für einen solchen zur Verfügung stehenden Zeit unterdrückt werden mußten.

Dem Vortrage eigene Litteraturnachweise beizufügen, schien mir für den vorliegenden Zweck überflüssig zu sein. Der Kenner der behandelten Materie wird sie nicht vermissen und, um sie für den Nichtkenner nutzbringend zu gestalten, hätten sie ausführlicher als der Vortrag selbst sein müssen. Das wäre für das leichte Schifflein eines Vortrags aber ein zu schwerer Ballast gewesen!

Wien, im Oktober 1889.

Hochverehrte Anwesende!

Mit einem Gefühle des Stolzes betrete ich heute diese Lehrkanzel, als der unmittelbare Nachfolger eines Kollegen (L. Brentano), der gleich einem glänzenden Meteor am akademischen Himmel Wiens auftauchte, um alsbald wieder von demselben zu verschwinden, und als mittelbarer Nachfolger von Männern, wie Sonnenfels, Stein und Schäffle, von denen es den beiden ersteren vergönnt war, während einer sich über mehrere Jahrzehnte erstreckenden Wirksamkeit ihre Zuhörer, und nicht nur diese, durch eine Welt neuer fruchtbarer Gedanken anzuregen.

Bereits einmal, an der Universität Basel, bin ich in derselben Stadt thätig gewesen, in der vor etwa 100 Jahren ein Gesinnungsgenosse und Geistesverwandter von Sonnenfels, Isaak Iselin, gewirkt hatte.

Beide, der physiokratischen Schule angehörend, brachten in die erstarrte und verknöcherte Welt des ancien régime den frischen Luftzug von Ideen, deren letztes Ziel die Befreiung des Individuums in Staat und Gesellschaft war.

Durch ein halbes Jahrhundert von Sonnenfels getrennt gehören dann L. v. Stein und A. Schäffle zu den Vertretern der neueren Richtung in der Nationalökonomie, die sich selbst als die socialpolitische bezeichnet. Hatte doch mittlerweile die durch die Physiokraten angebahnte und durch deren Nachfolger näher begründete und geförderte wirtschaftliche Rechtsordnung nach ihrer Durchführung nicht vollständig den gehegten Erwartungen entsprochen. Es galt daher nunmehr den arbeitenden, besitzlosen Klassen neben der errungenen Freiheit und Gleichheit ein reicheres Maß der Teilnahme an den mittlerweile kolossal angewachsenen materiellen und geistigen Gütern, sowie namentlich eine größere Sicherheit der Existenz zu erringen.

Hand in Hand mit diesen Veränderungen in den von der Wissenschaft formulierten, der Zukunft zugewandten Postulaten ist eine Umbildung auch der rein theoretischen, auf das Begreifen des Bestehenden gerichteten Seite der Wissenschaft erfolgt.

An die Stelle des Ratiocinierens, des rein vernunftmäßigen Erkennens, wie es dem Jahrhunderte des Vernunftrechtes und des Strebens nach einer natürlichen, d. h. vernunftgemäßen Ordnung des menschlichen Zusammenlebens eigen war, ist in der Gegenwart die entwicklungsgeschichtliche Methode getreten, welche die einzelnen Phänomene in ihrem durch die mannigfachsten Momente bedingten Werden zu begreifen sucht. So meinen wir denn heute sichere Kenntnisse von den Dingen nur dann zu besitzen, wenn wir wissen, wie sie entstanden sind.

Ja die entwicklungsgeschichtliche Methode ist heute so sehr die herrschende geworden, daß ihre Anwendung von dem Gebiete der Einzel= und Massenerscheinungen des menschlichen Lebens, für das sie durch die sogenannte historische Schule zunächst begründet wurde, neuerdings auch auf die Erforschung der gesamten organischen Natur übertragen worden ist.

Gemeinsam ist der wissenschaftlichen Arbeit auf beiden Gebieten auch die Ausfüllung von Lücken in der Entwicklungsreihe einer bestimmten Erscheinung durch das vergleichende Studium der Entwicklung verwandter Erscheinungen und durch Analogieschlüsse aus diesen, sowie die Rekonstruktion der Entwicklung eines bestimmten Phänomens, wo uns der direkte Einblick in dieselbe versagt ist, aus den bis auf unsere Tage erhaltenen Überbleibseln dieser Entwicklung, die man, soweit sie sich auf den tierischen Organismus beziehen, in der Entwicklungsgeschichte sehr passend als rudimentäre Organe bezeichnet.

Indes macht die historische Methode, die neben der ziffermäßigen Erfassung der Dinge durch die Statistik heute die weiteste Anwendung findet, die individuelle Erfahrung und Beobachtung sowie die Deduktion keineswegs entbehrlich. Giebt es doch wichtige Gebiete der Socialwirtschaft, denen mit der geschichtlichen und statistischen Methode nicht beizukommen ist. Und selbst auf den eigensten Anwendungsgebieten dieser beiden exakten Methoden kann man der individuellen Beobachtung und Deduktion als Vorarbeit und zur Ergänzung nicht ganz entraten.

Das Gefühl des Stolzes, das mich, wie ich eingangs erwähnt, heute erfüllt, verbindet sich bei mir zugleich mit dem der Freude, wenn ich mir bewußt werde, daß ich die Nachfolge in eine Stelle, an der ebenso verdiente wie anerkannte Männer gewirkt haben, mit einem Kollegen (C. Menger) teile, dem es — dank seinem Scharfsinn und seiner vollen Hingabe an die von ihm vertretene Wissenschaft — gelungen ist, eine stattliche Anzahl von Schülern und sonstigen Anhängern an sich zu fesseln.

Einem alten akademischen Brauch gemäß fällt mir für diese Antrittsvorlesung die Aufgabe zu, ein Bekenntnis abzulegen darüber, welches die Ausgangs- und Zielpunkte meiner wissenschaftlichen Arbeit sind und auf welchem Wege ich die letzteren zu erreichen strebe.

Für ein solches Bekenntnis bietet sich nun eine doppelte Form dar: entweder die abstrakte, über das Prinzip und die Methode der zu vertretenden Wissenschaft handelnde, oder die konkrete, angewandte, welche auf einem bestimmten Spezialgebiete der Wissenschaft, gleichsam an einem Beispiele die als richtig erkannte und befolgte Methode zur Anwendung bringt. Indem ich mich auf die oben gegebenen kurzen methodologischen Ausführungen beschränke, will ich meiner Neigung und meinen bisherigen Studien folgend, in dieser Antrittsvorlesung ein agrarpolitisches Problem behandeln. Dasselbe wird sich, soweit es die Gegenwart betrifft, als Ergebnis der bisherigen agrargeschichtlichen Entwicklung darstellen, wie es denn kaum ein anderes Gebiet des wirtschaftlichen Lebens giebt, auf dem Vergangenheit und Gegenwart so innig ineinander greifen, wie das der Agrarverfassung.

Das von mir zu behandelnde Problem betrifft die Form und die Verteilung des landwirtschaftlichen Grundbesitzes, also einen der wichtigsten Gegenstände der Agrarverfassung: ist doch zu allen Zeiten die rechtliche Form für die Beherrschung des ländlichen Grund und Bodens, sowie der Anteil, den die verschiedenen Klassen und Individuen eines Volkes an dem Ertrage desselben gehabt haben, von fundamentaler Bedeutung für die gesellschaftliche Gliederung und für die Wohlfahrt der Bevölkerung gewesen.

Als Beobachtungsobjekt dienten mir in erster Linie die

Agrarverhältnisse Deutschlands, in denen sich gleichsam wie in einem Mikrokosmus die Erscheinungsformen und Bewegungstendenzen der übrigen Welt und namentlich auch Österreichs wiederfinden. Auf die außerdeutschen Verhältnisse werde ich nur dann näher eingehen, wenn es gilt, das zu behandelnde Problem kräftiger zu accentuieren.

Wo immer der Zustand des Nomabisierens überwunden worden ist, da haben sich ganze Völker oder einzelne Stämme oder Stammesteile des Bodens, auf dem sie sich niedergelassen, bemächtigt. Die erste Form der dauernden Beherrschung und Benutzung des Bodens ist überall eine kollektivistische, die des Gesamteigentums gewesen, eine Thatsache, die uns bei einigen Völkern durch die Tradition und bei andern durch unbestreitbare Quellenzeugnisse überliefert worden ist, bei dritten endlich sich in ihren Überbleibseln bis in eine späte Zeit erhalten hat.

Und überall auch ist das von den Geschlechtsgenossen occupierte und angebaute Gebiet anfangs ein weites und schrumpft dann allmählich zusammen, indem sich aus dem Stamm kleinere Stammesteile und Familiengenossenschaften aussondern und das anfangs im Kollektiveigentum der größern Verbände befindliche Gebiet später unter die kleineren Genossenschaften verteilt wird.

Nur allmählich, hier früher, dort später, werden die persönlichen Geschlechts- und Familienverbände zu dinglichen Ortsgemeinden und erhalten innerhalb derselben die einzelnen Familien ihre Landteile ausgesondert.

Am längsten und zwar bis in die Zeiten Jakobs I. hat sich das Gesamteigentum der keltischen Geschlechtsverbände in

Irland und bis in unsere Tage hinein das Zadrugaeigentum der Südslaven, sowie das Gemeindeeigentum in Ostindien und in Großrußland erhalten.

Was dieses letztere betrifft, so war das Eigentum des großrussischen миръ (mir) bereits im XVII. Jahrhundert durch eine individualistische Entwicklung soweit zurückgedrängt worden, daß den einzelnen Familien der landbautreibenden Gemeinden ein gesichertes Nutzungsrecht von längerer Dauer an dem von ihnen angebauten Boden zustand. Die seit der zweiten Hälfte des XVII. Jahrhunderts in Rußland begründete glebae adscriptio, die etwas später erfolgte Einführung einer von jeder Seele gleichmäßig erhobenen Steuer und der solidarischen Haft der Gemeinden für die von ihren Mitgliedern zu entrichtende Seelensteuer führte dann zu jener Form des Gemeindebesitzes (общинное владѣніе), die noch bis in unsere Tage fortbesteht. Ihre Aufgabe bestand in der Schaffung und Erhaltung einer genügenden materiellen Basis für die staatlichen und grundherrschaftlichen Leistungen. Da jedes Gemeindemitglied gleich viel zu leisten hatte, so wurde auch jedem ein gleicher Anteil am Gemeindelande zur Nutzung zugeteilt. Das Gleichgewicht zwischen der Bevölkerungszahl, ihrem Bedarf und ihren Verpflichtungen, sowie zwischen der Bodennutzung, welche die Erträge für beide Zwecke gab, wurde dann auf die Dauer durch periodische Umteilungen des Gemeindelandes erhalten. Die Umteilungen, welche mit den Seelenrevisionen oder Volkszählungen zusammenfielen, fanden nach der Zahl der Seelen oder nach bestimmten aus diesen gebildeten Produktions- und Konjunktionseinheiten (Тягло, Tjäglo) statt.

Dagegen sind Gräco-Italiker und Germanen schon früh

zu einem dem Privateigentum verwandten erblichen Besitz- und Nutzungsrecht der Genossen an einem Teile des ursprünglich gemeinsam occupierten Bodens übergegangen. Von den Germanen ist diese Eigentumsverfassung dann auch den Westslaven mitgeteilt worden.

Was die einzelnen germanischen Stämme zur Zeit Cäsars anbetrifft, so ist es nach den Zeugnissen dieses schriftstellernden Feldherrn und Politikers nicht zweifelhaft, daß auch sie gleich den auf derselben Kulturstufe stehenden anderen Völkern ihr geschichtliches Leben mit dem Kollektiveigentum am Boden, auf dem sie damals noch nicht fest saßen, begonnen haben. Aber bereits hundert Jahre später, zur Zeit des Tacitus, scheinen mit der größeren Seßhaftigkeit den einzelnen Familien bereits dauernde Besitz- und Nutzungsrechte an einzelnen Stücken des gemeinsam occupierten Bodens zugeteilt gewesen zu sein.

Wenn diese Anteile, bei der damals verbreitet gewesenen wilden Feldgraswirtschaft, auch fürs erste nur **ideeller** Natur waren, — so daß jedem Genossen an dem jeweilen in einem Jahre in Kultur genommenen Kamp ein quoter Anteil zugewiesen wurde, der dann während der Dreischbrache verloren ging, um in den nächsten Jahren in dem neu kultivierten Kamp wieder aufzuleben, — so müssen aus diesen **ideellen, quoten** Anteilen doch bereits in den nächsten Jahrhunderten **reelle, lokal fixierte** Anteile geworden sein. Denn in den Volksrechten finden sich bereits ganz allgemein die im dauernden Sondereigen und in der Sondernutzung befindlichen Hofstätten, Äcker und zum Teil auch Wiesen von den noch in Gesamteigentum und der gemeinsamen Nutzung als Weide und Wald verbliebenen Allmenden unterschieden.

Diese individuell ausgeschiedenen Landanteile mit den Allmendnutzungen als Pertinenz treten uns als Hufen entgegen, deren Umfang zwar nach Bodenart und -güte in den verschiedenen Gegenden ungleich war, aber überall der Aufgabe genügte, einer Familie den nötigen Unterhalt zu gewähren und die volle Verwertung ihrer Arbeitskraft zu ermöglichen.

Dieses frühreife Resultat der Eigentumsentwicklung dürfte sowohl zurückzuführen sein auf den Einfluß, den der römische Eigentumsbegriff auf die deutschen Agrarverhältnisse ausgeübt hat, als auch von innen heraus zu erklären sein durch das mit der Intensivierung des Landbaues hervortretende Bedürfnis, den Boden enger an die Person desjenigen zu knüpfen, der ihm seine Sorge, seinen Fleiß und sein Kapital zuwandte und daher der Früchte dieser Zuwendungen sicher zu sein wünschte.

Aber freilich mit dem schroff individualistisch ausgebildeten römisch-rechtlichen Eigentumsbegriff fiel dieses germanische Sondereigen noch keineswegs völlig zusammen. Dasselbe gewährte vielmehr der individuellen Verfügung und Nutzung seines Eigentümers nur einen beschränkten Spielraum, indem es durch die Rechte der Sippe, der Ortsgemeinde und Markgenossenschaft noch mannigfach begrenzt war. Der Ausschluß oder die Beschränkung der Verfügung über das Sondereigen von Todeswegen, sowie das Vorkaufs- und Beispruchsrecht der nächsten Anwärter bei Veräußerungen unter Lebenden auf der einen Seite, die genossenschaftliche Ordnung der Benutzung nicht nur der Allmend, sondern auch des Sondereigen auf der andern Seite, bildeten die unverrückbaren

Schranken für die individuelle Nutzung und Disposition über das Sondereigen.

Solange diese Ordnung galt, war für den größten Teil der Bevölkerung, um ein modernes Schlagwort zu gebrauchen, sowohl das Recht auf die landwirtschaftliche Arbeit, wie auf den vollen landwirtschaftlichen Ertrag gewährleistet. Nur zu Zwecken der Aufrechterhaltung des öffentlichen Friedens — durch Rechtsprechung und Kriegführung — hatten die ländlichen Hufenbesitzer dem Gemeinwesen einen Teil ihrer Arbeitskraft und des Ertrages ihres Bodens zur Verfügung zu stellen.

Indes bereits in fränkischer Zeit und zwar namentlich unter den Karolingern, tritt eine Veränderung in diesen einfachen Grundeigentumsverhältnissen ein, wie denn die Entwicklung fast aller bekannten Völker einen Zeitpunkt aufweist, von dem an die Landbebauer einen Teil des Bodenertrages oder des Bodens selbst einem neuen Herrn, dem Grundherrn, abgeben müssen und ihr Sondereigen durch eine Art sich über demselben ausbildenden Obereigentums herabgedrückt sehen.

Nur wenigen germanischen Völkern und Stämmen, wie z. B. den Skandinaviern, sowie den an der Nordsee lebenden Friesen und Ditmarschen und den Alpenbewohnern einiger Gegenden ist es gelungen, die freie Dorfgemeindeverfassung und das Geschlechtseigentum ihrer Bauern sich unverkürzt durch alle Zeiten hindurch zu erhalten.

Die sonst allgemein vor sich gehende Umwandlung der einfachen Besitzverhältnisse der Landbebauer war nun entweder die Folge der Eroberung eines Landes und der Unterwerfung seiner Bewohner unter einen fremden Stamm. So mußten die römischen Provinzialen den westgotischen und burgundischen Siegern einen Teil ihres Bodens abgeben. So haben die mohammedanischen Eroberer überall, wo sie hinkamen, gemäß ihrer von Omar stammenden Verfassung von den unterworfenen Völkern die Anerkennung ihres Obereigentums an dem gesamten Grund und Boden und eines zum Teil drückenden Besteuerungsrechtes erzwungen.

Oder es haben sich ohne äußere Einmischung von innen heraus durch Ansehen und Macht ausgezeichnete Personen und Stände aus der Zahl der Gemeinfreien emporgehoben. Im mittelalterlichen Europa wird dieser Vorgang durch die Ausbildung des Lehnswesens bezeichnet.

Schon bei der ersten Besiedlung des Bodens durch deutsche Stämme hatten durch Geburt oder Verdienst hervorragende Mitglieder derselben größere Landanteile empfangen als die übrigen Genossen. Dann hatten die germanischen und unter ihnen namentlich die fränkischen Könige das nicht occupierte Land und einen Teil des eroberten Landes für sich in Anspruch genommen und auf demselben Königshöfe eingerichtet oder dasselbe als Soldgüter an ihre Beamten verliehen, welche diese Güter dann im Laufe der Zeit von den amtlichen Funktionen zu trennen und in ihren Familien erblich zu machen wußten.

Auch die Kirchen und Klöster wurden mit Land ausgestattet und ihr Besitz durch Vergabungen mannigfacher Art vergrößert.

Diese neuen Besitzkomplexe waren aber, abgesehen von den Königsgütern, ähnlich den älteren Hufen, gewöhnlich nicht geschlossen, ihre Bestandteile lagen sogar häufig weit auseinander und wurden in der Regel auch nicht von ihren

Herren direkt benützt, sondern brachten ihnen nur die Verfügung über Zinsen, Abgaben und Leistungen. Nur ausnahmsweise — und diese Ausnahme trifft wiederum vorzugsweise die Königsgüter — wurde ein Teil dieser Güter, das sogenannte Salland, von den Grundherren durch ihre Beamten selbst bewirtschaftet. Meist dagegen waren die Fronhöfe nur Sammelstellen für Zinsen und Abgaben.

So bildeten sich denn zwischen den genossenschaftlichen Ansiedlungen der freien Hufner neue Gewalten aus, deren materielle Basis in ihrem großen Grundbesitz ruhte.

Mit reißender Geschwindigkeit begehrten und erhielten dann die Gemeinfreien in einer Zeit schwindender staatlicher Autorität den Schutz dieser neuen Gewalten, denen es allmählich gelang, die Immunität von der Königsgewalt zu erringen und den Staat in eine Reihe von Grundherrschaften aufzulösen.

Indem die Gemeinfreien sich in den Schutz dieser neuen Gewalten begaben, machten sie ihren Grundbesitz zugleich zu einem abhängigen und beschwerten denselben, auf dem bisher nur öffentliche Abgaben geruht hatten, mit Lasten aller Art zum Besten ihrer Grundherren. Während die rechtliche und faktische Lage der Sklaven sich allmählich hob, sank die der zu Grundholden gewordenen Freien, so daß beide ursprünglich in ihrer rechtlichen Stellung grundverschiedenen Klassen im Laufe der Zeit auf einer mittleren Linie zusammentrafen.

Aber obgleich die ursprünglich Freien nun hofhörig geworden waren, so war ihre Lage doch bis in das XIV. Jahrhundert keine ungünstige.

Hatte doch die grundherrliche Gerichtsbarkeit die Grundzüge der alten freien Gerichtsverfassung in sich aufgenommen.

Der Grundholde nahm an der Urteilsfindung teil und befestigte in den Weistümern die alte Sitte, nach der er bis dahin gelebt hatte. Auch wurden die grundherrlichen Abgaben seit dem IX. Jahrhundert für längere Zeit fixiert, so daß die später erfolgte Vermehrung der Hufenerträge meist dem Grund=holden selbst zu gute kam. Dadurch, daß die Lehnsgewalten demselben die regelmäßigen Kriegsdienste abgenommen hatten, wurde er zum Bauern, d. h. zum Mitgliede eines Standes, der sich ausschließlich dem materiellen Erwerbe des Landbaus widmen konnte. Der beispiellose Aufschwung, den das Städtewesen, Handel und Gewerbe dann namentlich in der Hohenstaufenzeit nahmen, brachte dem Bauern neue Impulse für die Technik und die Wirtschaft des Landbaues. Obgleich seines freien Eigen verlustig gegangen, und mit grund= und landesherrlichen Lasten beschwert, gelangt er daher doch zu großem Wohlstande. War doch der Wert einer grundhörigen Hufe in den Moselgegenden zwischen 800 und 1250 um mehr als das vierfache gestiegen, und in demselben Verhältnis waren die dem Bauern verbleibenden Bodenerträge ge=wachsen.

Auch begannen sich bereits unter dem Einflusse der von den Städten auf das Land eindringenden Geldwirtschaft die Gutsunterthänigkeitsbande zu lösen: in Niedersachsen entstand das freiere Meierverhältnis und am Rhein, an der Mosel und Saar trat hier und da bereits die Geldpacht an die Stelle der früheren gebundenen Erbzinsverhältnisse.

Aber der Widerspruch, der im allgemeinen zwischen der materiellen Wohlhabenheit und der rechtlichen Abhängigkeit, sowie der Standesabgeschlossenheit der Bauern bestand, barg für diese doch eine Gefahr in sich, die freilich erst dann zu=

tage trat, als sich die allgemeinen Konjunkturen für sie un=
günstiger zu gestalten begannen.

Zu diesen gehörte namentlich der sich seit dem XIV. Jahr=
hundert einstellende Überschuß der ländlichen Bevölkerung, so=
wie die Umwandlung des Ritterstandes in einen seine Güter
selbst bewirtschaftenden Land= und Dienstadel.

Nach endgültiger Seßhaftwerdung der deutschen Volks=
stämme im V. Jahrhundert hatte nämlich der örtliche Über=
schuß der ländlichen Bevölkerung in West=, Mittel= und
Süddeutschland einen Abfluß gefunden zunächst in der Anlage
zahlreicher Tochterdörfer, durch welche die Lücken zwischen den
ursprünglichen Ansiedlungen ausgefüllt wurden; dann in den
Rodungen der entfernteren Wälder und in der Anlage von
Dörfern mit Waldhufen, sowie in der Niederlassung Einzelner
als squatters, aus welchen Einzelniederlassungen mit der Zeit
Weiler erwuchsen.

Zugleich wurde ein nicht unerheblicher Teil der länd=
lichen Bevölkerung von den Städten, von den Kreuzzügen,
und von den Fahrten der geistlich=ritterlichen Orden ab=
sorbiert.

Und als der Boden im linkselbischen Deutschland nahezu
vollständig occupiert war, begannen jene großen Wanderungen
zur Kolonisation des rechtselbischen Ostens. Die Ansiedlung
dieser deutschen Kolonisten auf slavischem Boden erfolgte nach
ähnlichen Grundsätzen, wie die ursprüngliche Besiedlung des
linkselbischen Bodens. Sie vollzog sich nur im Osten vielfach
durch Vermittlung eines Schulzen, dem dann auch die niedere
Gerichtsbarkeit über die Ansiedler übertragen wurde. Doch

mußten die zu Erbzinsrecht ausgethanen Hufen festbestimmte Abgaben und Leistungen an den Landes- und Grundherrn entrichten. Der Rechtszustand der Kolonisten war demnach ein weniger freier, als der der ursprünglichen germanischen Ansiedler links der Elbe gewesen war, aber zugleich ein freierer, als derjenige, unter dem sie zur Zeit ihrer Auswanderung in der linkselbischen Heimat gelebt hatten. Auch war die wirtschaftliche Lage der Kolonisten auf dem jungfräulichen Boden, den bisher der slavische Hakenpflug kaum geritzt hatte, und dem sie die Handgriffe einer relativ hoch entwickelten landwirtschaftlichen Technik zuführten, eine günstige, so daß sie sich bald, ähnlich den europäischen Kolonisten Nordamerikas in späteren Jahrhunderten, zu kräftigem Wohlstande emporarbeiteten.

Im XIII., namentlich aber im XIV. Jahrhundert beginnt dieser Abfluß zu stocken, und es stellt sich im Westen und Süden Deutschlands jene Überfülle ländlicher Bevölkerung ein, die hie und da bereits zu weitgehender Parcellierung des Bodens führt. Und wo diese nicht erfolgt, da zeigen sich die ersten Anfänge eines ländlichen Proletariats in den vom Besitz ihrer Väter ausgeschlossenen Söhnen der Bauern.

Indes finden diese bald wieder teilweise Beschäftigung und Lohn in den Soldheeren, welche die Lehnsheere abzulösen berufen waren.

Mit dem Zurücktreten der Lehnsheere hat aber auch der Ritterstand seine bisherige Bedeutung verloren.

Er verläßt jetzt seine Burgen und zieht an den Hof der sich zu einem neuen Faktor des politischen Lebens ausbildenden Territorialherren, um dort Hofdienste zu nehmen oder die neu gegründeten Gerichts- und Verwaltungsstellen zu bekleiden;

ober er fiedelt sich im Dorfe an, um seine Hufen selbst zu bewirtschaften oder durch einen Amtmann bewirtschaften zu lassen.

In letzterem Fall wird aus den meist zerstreut liegenden Ritter**hufen** durch Arrondierung und Vergrößerung derselben das Ritter**gut** geschaffen. Seine Ausbildung gehört wesentlich, wenn auch nicht ausschließlich, dem rechtselbischen Deutschland an, während die ältere mit dem Rittergut verwandte, von ihm aber doch auch wieder verschiedene Grundherrschaft ihr Hauptanwendungsgebiet im linkselbischen Deutschland findet.

Bei der weiteren Entwicklung des Rittergutes ergiebt sich aber bald eine Kollision zwischen den Interessen des alten Bauern- und des neuen Rittergutsbesitzers.

Der letztere kann seinen Besitz größtenteils nur auf Kosten der bäuerlichen Hufen erweitern: er sucht den Bauer daher aus seinem Besitz zu verdrängen.

Bei dem Fehlen, oder doch bei der geringen Verbreitung von Landknechten ist der Gutsherr auf seinem Felde auf die Fronarbeit der Bauern angewiesen: es werden daher die ursprünglich öffentlichen Leistungen der Bauern in gutsherrliche umgewandelt.

Je mehr sich nun das gutsherrliche Hoffeld auf Kosten des bäuerlichen Besitzes erweitert und je geringer die Zahl der fronpflichtigen Bauern wird, desto mehr muß die Kraft der übrigbleibenden für den Frondienst angespannt werden und desto weniger Zeit bleibt ihnen zur Bestellung ihrer eigenen Äcker übrig.

Endlich veranlaßt auch das Sinken des Geldwertes und das Steigen der Getreidepreise, sowie der mit der Verbreitung des Luxus aus den Städten auf das flache Land anwachsende Bedarf der Rittergutsbesitzer, die letzteren, die bisher fixiert gewesenen bäuerlichen Naturallasten möglichst zu erhöhen. So ist denn der Bauer namentlich im Westen und Süden Deutschlands seit dem Schluß des XIV. Jahrhunderts — in England und Frankreich aber bereits mehr als ein Jahrhundert früher — unter den Einfluß sich kreuzender oder doch sich ablösender Einflüsse gestellt. Auf der einen Seite ist seine Lage infolge der Erhöhung seines Wohlstandes und des Beginns einer freieren Gestaltung der Formen seines Wirtschafts- und Rechtslebens eine günstige geworden, und auf der andern Seite sucht der Gutsherr ihn aus dieser Stellung zu verdrängen oder ihn in derselben herabzudrücken. Aus diesem Widerspruch zwischen den der Geldwirtschaft und den freieren Verkehrsformen zugewandten fortschrittlichen Tendenzen im Bauernstande und der Reaktion gegen dieselben seitens des Gutsherrn entspringen die Bauernaufstände und Bauernkriege, die mit dem Aufstande in Frankreich von 1358, der Jacquerie, beginnen, sich in dem Aufstande der englischen Bauern unter Wat Tyler vom Jahre 1381 fortsetzen, in den deutschen Bauernkriegen der 20er Jahre des XVI. Jahrhunderts kulminieren und in den der zweiten Hälfte des XVI. und dem XVII. Jahrhundert angehörenden Bauernunruhen Österreichs ihr Nachspiel finden.

Mögen diese Aufstände in den verschiedenen Ländern auch ihre besondere lokale und konfessionelle Färbung und ihren verschiedenen Abschluß gefunden haben, so sind sie doch ihrem Wesen nach Äußerungen derselben allgemeinen Bewegungskräfte.

Nicht die erbarmungslose Niederwerfung dieser Aufstände in Deutschland und Österreich, sondern die dieselben begleitenden und von ihnen zum Teil unabhängigen ungünstigen Umstände sind für den deutschen Bauernstand verhängnisvoll geworden.

Daher waren in England und Frankreich, wo diese begleitenden Umstände fehlten, die Resultate der Bauernerhebungen andere als in Deutschland.

Zunächst kommt für Deutschland in Betracht die Verlegung der großen, Europa und Asien verbindenden Welthandelsstraße, die bis in das XVI. Jahrhundert Deutschland durchquerte, an den Atlantischen Ocean. Damit verfiel der Handel, der Gewerbfleiß und die Blüte der an dieser Straße gelegenen Städte und es wurde Deutschland, namentlich in seinem östlichen Teil, aus der sich verbreitenden Geldwirtschaft wieder in die Naturalwirtschaft zurückgeworfen. Mit dieser Reaktion verdorrten aber auch die geldwirtschaftlichen Rechts- und Verkehrsformen, deren Ausbildung im besten Zuge war: die Anfänge der Freizügigkeit, die Lockerung der bäuerlichen Abhängigkeitsverhältnisse, die Einführung der Geldpacht oder die Umwandlung der Naturallasten in Geldleistungen, die beginnende Parzellierung und Mobilisierung des Grundbesitzes.

Dazu kam die Geldklemme, in die die meisten deutschen Territorialfürsten im XVI. Jahrhundert gerieten. Dieselbe führte dahin, daß die Landesherren ihren Ständen Konzessionen machen mußten, um deren Einwilligung zur Deckung ihrer Schulden und zur Erhebung neuer Steuern zu erhalten: diese Konzessionen betrafen aber unter anderem auch das Verhältnis der sogenannten Oberstände zu ihren bäuerlichen Hintersassen.

Die schon früher hervorgetretene Tendenz der Gutsherren, ihre rechtliche und wirtschaftliche Stellung auf Kosten der Bauern zu erhöhen, gelangt daher jetzt uneingeschränkt und zugleich unverhüllt zum Ausdruck.

Immerhin besteht aber hinsichtlich der für die Gutsherren erzielten Resultate ein tiefgreifender Unterschied zwischen dem Westen und Süden einer= und dem Nordosten Deutschlands andrerseits.

Im Westen und zum Teil auch im Süden Deutschlands waren die feudalen Gewalten entweder zur Landeshoheit ge= langt oder, wo ihnen das nicht gelang, waren sie vor dem sich behauptenden und ausdehnenden Bauernstande ins Weichen gekommen. Denn der letztere war in seiner freiheitlichen und zugleich geldwirtschaftlichen Entwicklung hier bereits soweit fortgeschritten, daß er infolge der allgemeinen seit dem XVI. Jahrhundert eintretenden rückläufigen Bewegung wohl einen Stillstand, aber keine vollständige Rückbildung in seiner Ent= wicklung mehr erfahren konnte.

Anders dagegen lagen die Dinge im Osten und nament= lich im Nordosten, wo es den sehr zahlreichen, von den größeren Landesherren in ihren Bestrebungen nach Macht= erweiterung unterstützten Rittergutsbesitzern gelang, sich zu förmlichen Gutsobrigkeiten auszubilden und als solche die Bauern immer abhängiger von sich zu machen. Besonders begünstigt wurde diese Entwicklung noch durch den 30jährigen Krieg, der den Bauernstand besonders hart traf.

Das Resultat dieses Prozesses für den Nordosten war, daß der ursprünglich freie und nur zu niedrigen und zudem fixierten Abgaben und Leistungen verpflichtete Kolonist überall schollenpflichtig, ja in einigen Gegenden sogar leibeigen wird;

daß er dem Gutsherrn hohe Abgaben und vielfach uneingeschränkte Fronbienste zu leisten hat; daß seine Kinder dem Gutsherrn als Gesinde dienen müssen und daß er der gutsherrlichen (patrimonialen) Gerichtsbarkeit und Polizeigewalt fast unbedingt unterworfen wird.

Besonders drückend ist die Lage der Bauernschaft dort, wo sich innerhalb derselben erhebliche slavische Bestandteile erhalten haben und wo die Landesherren der Herrschaft des Adels uneingeschränkt die Zügel schießen lassen. So namentlich in Mecklenburg, im östlichen Holstein und in Neuvorpommern, wo es dem Adel unter Benutzung römisch-rechtlicher Formen im weitesten Umfang gelingt, die Bauern zu „legen", d. h. von der Scholle zu verdrängen und das Bauernfeld zum Hoffeld zu schlagen.

In Brandenburg-Preußen dagegen, wo seit dem Großen Kurfürsten eine Reihe energischer, das Gesamtwohl des Staates und der Gesellschaft im Auge habender Regenten herrschte, wird der Bauernstand, obgleich seine rechtliche und wirtschaftliche Lage auch hier vielfach eine sehr gedrückte ist, von Friedrich I. (1709), Friedrich Wilhelm I. (1714), namentlich aber von Friedrich dem Großen (1749) in seinem Besitzstande kräftig und erfolgreich geschützt. Auch werden hier ebenso wie in Österreich bereits im vorigen Jahrhundert eine Reihe von Versuchen unternommen, um zunächst auf den Domänengütern die Leibeigenschaft oder, wie sie euphemistisch wohl auch genannt wurde, die Gutsunterthänigkeit, zu beseitigen und den Bauern ein gesichertes dingliches Recht an ihrer Hufe zu verschaffen.

Ziehen wir das Facit aus dieser sich über 1½ Jahrtausende erstreckenden Entwicklung, so finden wir, daß sie einen Dualismus von Ritter- und Bauerngütern gezeitigt hat: jene befinden sich, mit Herrschaftsrechten verbunden, fast ausschließlich in der Hand eines sich dem Militär-, Civil- oder Hofdienst widmenden Adels und sind als Lehn-, Stamm- oder Fideikommißgüter auch größtenteils an bestimmte Familien desselben untrennbar geknüpft; diese dagegen, in einer Art mehr oder minder beschränktem Nutzungseigentum stehend und mit mannigfachen und zum teil erdrückenden Lasten und Leistungen beschwert, sind, wenn wir von den nicht umfangreichen Ländern an der Ostsee absehen, gleichsam als eine Art Gesamtfideikommiß des Bauernstandes demselben ausschließlich vorbehalten.

Auch persönlich nehmen die Rittergutsbesitzer sowohl privat- wie öffentlich-rechtlich eine privilegierte Stellung ein, während die Bauern, namentlich des Nordostens, zu mehr oder minder abhängigen Hintersassen herabgedrückt worden sind.

Gemeinsam ist sodann dem gesamten Grundbesitze, daß seine Verschuldung im ganzen nur eine geringfügige sein konnte, da sie für die Rittergüter durch die bereits erwähnten Institute des Familienfideikommiß-, des Lehn- und Stammgutes, und für die Bauerngüter durch den erforderlichen Konsens des Grundherrn ausgeschlossen oder wenigstens beschränkt war.

Neben den Ritter- und Bauerngütern, welche in ihren Interessen mannigfach aufeinander angewiesen sind, finden sich dann im Süden Deutschlands bis in die Schweiz und nach Österreich hinein noch umfangreiche Korporations- und Gemeindegüter. Letztere waren die Überreste der alten Allmenden, die noch immer in einer Art Gesamteigentum standen und in ihren Nutzungen dem Bauernstande als Zubehör ihres Sonderbesitzes zu gute kamen. Im Nordosten dagegen, wo bei der Kolonisation die Gemeinden entweder garnicht oder nur mit geringfügigen Gemeindegütern ausgestattet wurden, findet sich ebenso wie in einem Teil des Südens ein umfangreicher Domänenbesitz, der nicht nur die Bedeutung einer ergiebigen und stetig wachsenden Quelle für die Staatsfinanzen, sondern auch die von Mustergütern für die ringsum liegenden Privatgüter hat. Auch sind aus der Klasse der Domänenpächter die ersten bürgerlichen Rittergutsbesitzer hervorgegangen.

Es hat somit diese Agrarverfassung des ancien régime große Unterschiede in dem persönlichen Rechtszustande der verschiedenen ländlichen Klassen, sowie in den Besitzformen der Güter teils ausgebildet, teils anerkannt und befestigt. Sie hat ferner dem eigentlichen Landbebauer, namentlich im Nordosten nur einen Teil des Ertrages seiner Hufe und seiner Arbeitskraft zur Verfügung belassen. Ja, sein ursprüngliches Recht zur Arbeit auf freieigner Hufe erscheint zum Teil in eine Pflicht zur Bearbeitung der gutsherrlichen Hofesäcker umgewandelt. Aber sie hat doch zugleich im großen und ganzen — abgesehen von den eben erwähnten Ausnahmen — zu verhüten gewußt, daß dem deutschen Bauer seine Scholle völlig entfremdet und daß dieselbe übermäßig verschuldet wurde und hat ihm zugleich die Möglichkeit erhalten, als eigener, wenn auch mannigfach beschränkter Unternehmer auf seiner Hufe einen Teil seiner Arbeitskraft zu verwerten und von derselben einen Teil des Ertrages zu beziehen. Ja, sie hat den Bauer zu einem fest auf der Scholle sitzenden arbeitsamen und genügsamen Gliede der Gesellschaft erzogen.

Ihr Ende findet diese Periode durch jene Emancipations=
gesetzgebung, die am Schluß des vorigen Jahrhunderts oder
in der ersten Hälfte des gegenwärtigen den Bauer zum freien
Staatsbürger erhebt und ihm nach römisch=rechtlicher Auf=
fassung das fast uneingeschränkte Privateigentum an seiner
Hufe mit freiester Nutzung und Verfügung über dieselbe ge=
währt, und damit den Grundsatz der Rechtsgleichheit für den
persönlichen Rechtszustand der gesamten ländlichen Bevölkerung,
sowie für die Rechtsverhältnisse der Landgüter verschiedener
Kategorieen durchführt.

Aber während der Bauer die persönliche Freiheit meist
unentgeltlich erhielt, hat er die aus dem Obereigentumsrechte
des Gutsherrn entspringenden Lasten, Leistungen und Be=
schränkungen mannigfacher Art der Regel nach abzulösen
gehabt.

Das geschah entweder durch Hingabe eines Teiles des
von ihm bisher benutzten Landes oder durch Konvertierung
des Geldwertes seiner bisherigen Verpflichtungen in ein dem
Gutsherrn zur Verfügung gestelltes Geldkapital, dessen Be=
schaffung, Verzinsung und Amortisierung dem Bauer durch
zweckdienliche Grundentlastungskassen erleichtert wurde. Diese
vermittelnde Thätigkeit erfolgt überall durch den Staat, aus=
nahmsweise hat in einigen Ländern, wie z. B. in Österreich
der Staat auch einen Teil der Ablösungssumme auf seine
Kasse übernommen.

Somit ist denn für den größten Teil der ländlichen An=
bauer des Bodens ein ähnlicher Zustand, wie er zur Zeit der
Besiedelung des Bodens bestanden hatte, wiederhergestellt,
d. h. sie sind wieder in den vollen, nunmehr nicht einmal von
der Genossenschaft eingeschränkten Besitz des Bodens getreten,

dem sie jetzt ihre ganze Arbeitskraft widmen und dessen Erträge ihnen allein gehören.

Aber die Welt, welche den Bauer nun umgiebt, ist eine andere als die der Hufner zur Zeit der Volksrechte es war. Neben dem Bauernhof liegt heute das große Industrie- oder Rittergut, welches letztere zum Teil fideikommissarisch gebunden ist. Und über beiden erhebt sich die mittlerweile zu einem Riesen angewachsene Macht des beweglichen Kapitals.

Aus dieser Übermacht des beweglichen Kapitals und des Großgrundbesitzes erwachsen dann für die landbautreibenden mittleren und kleineren Grundbesitzer neue Gefahren.

Welcher Art dieselben sind, das zeigt uns die Geschichte des alten und des modernen Italiens sowie Großbritanniens.

Das in der Provinzialverwaltung erpreßte und im Handels- und Banquiergeschäft erworbene große Kapital führte in dem vom alten Rom beherrschten Italien in den letzten Zeiten der Republik und unter den Kaisern zur Latifundienbildung und zur Latifundienwirtschaft mit Sklaven, sodaß es in der Glanzzeit der römischen Jurisprudenz in Italien nur wenige Bauern gab. „Großgrundbesitzer und rechtlose Sklavenmassen sowie künstlich geschaffene und künstlich erhaltene Kolonisten waren die agrikolen Typen jener Zeit." (Dietzel.)

Als der morsche Bau der römischen Weltherrschaft dann zusammenbrach, wurden, wie bereits oben erwähnt wurde, von den jugendfrischen germanischen und slavischen Völkerschaften neue Agrarverhältnisse begründet, die dem Landbauer zunächst den vollen Ertrag des von ihm bearbeiteten Bodens, und dann, nach Begründung des Feudalstaates, wenigstens einen Teil desselben sicherten.

Aber schon seit dem XIII. Jahrhundert bringt der Geldreichtum der Kaufleute und Banquiers der nord- und mittelitalienischen Städte wieder auf das flache Land. In Toscana, Umbrien, der Romagna und einigen andern Gebieten setzen sich die Kapitalisten in den Besitz umfangreicher Landstrecken, und da sie als rechte Kinder einer ausschließlich städtischen Civilisation keine Neigung hatten, selbst Landbau zu treiben, so verwandelten sie den bisher gutsunterthänigen Bauer, nach Sprengung seiner feudalen Fesseln, in einen Halbpächter, der er bis auf den heutigen Tag geblieben ist.

Auch in England hat die eindringende Geldwirtschaft bereits gegen Schluß des frühen Mittelalters die naturalwirtschaftliche Verbindung zwischen Gutsherren (Lord of the manor) und Bauern gelöst. Die eigenmächtigen Einhegungen der Kommunalweiden durch die Gutsherren erschweren dem Bauer dann seine Existenz. Das zunächst in der Wollenindustrie, später auch in anderen Industriezweigen, namentlich aber in kolonialen Unternehmungen und im Handel erworbene mobile Kapital, sowie die durch die Gesetzgebung und die Politik der Tudors und Stuarts erfolgte Begünstigung des großen Grundbesitzes führt dann schließlich dahin, daß von Jahrhundert zu Jahrhundert ein immer größerer Teil des Bauernstandes — wenn man diesen den kontinentalen Verhältnissen entnommenen Terminus auch auf Großbritannien anwenden darf — ausgekauft wird. Dieser durch eine aristokratische Erbrechtsgesetzgebung (Individualvererbung des Grundbesitzes an einen Sohn und verbreitete Sitte der Entailserrichtung) geförderte Agglomerationsprozeß setzt sich auch in der Gegenwart noch fort, indem neuerdings auch der mittlere Grundbesitz der landed gentry von dem großen Grundbesitz aufgesogen wird.

Der ausgekaufte Bauer und country gentleman aber fand und findet es vorteilhaft, mit dem erzielten Kaufschilling über den Ocean zu gehen und dort zu niedrigen Preisen oder gar unentgeltlich ein Stück jungfräulichen Bodens zu erwerben, oder sein Geld als Betriebskapital daheim in einer Pacht= unternehmung anzulegen oder dasselbe daheim oder in der Ferne in gut rentierenden Handels= und Gewerbeunter= nehmungen zu investieren.

Das Resultat dieser Entwicklung ist ein kolossal ange= wachsener Reichtum, aber auch eine Konzentration des Grund= besitzes in wenigen Händen und eine Bewirtschaftung des= selben durch mittlere oder kleine, zum Teil Zwergpächter, welche Teile der großen Güter pachten. Unter dem Einfluß der letzten Agrarkrisis, welche die Reihen der mittleren Pächter stark gelichtet hat, scheint sich wenigstens in England nunmehr derselbe Agglomerationsprozeß, der bisher auf dem Gebiete des Grundbesitzes erfolgt ist, nun auch auf dem Gebiete des Pachtwesens fortzusetzen. Da mit der Größe des hauptsäch= lich auf Viehzucht basierten Betriebes die Erträge nicht nur absolut, sondern auch relativ zu steigen pflegen, und da der große Kapitalist den eindringenden ungünstigen Konjunkturen einen viel zäheren Widerstand entgegenzusetzen vermag, als der kleine, so ist diese Bewegung leicht erklärlich.

So sieht sich denn in Großbritannien ein, verglichen mit anderen Ländern, verhältnismäßig großer Teil der Bevölkerung nicht nur von dem Besitz, sondern neuerdings auch von der Bebauung des Bodens als Pächter ausgeschlossen. Die Grund=

rente aber fließt in der Hand einiger weniger Bodenmonopo=
listen zusammen, die weder der harten Handarbeit, noch auch
immer selbst der Verwaltung ihrer Güter obliegen. Die letz=
tere, gewöhnlich mit dem Absenteeismus verbundene Erschei=
nung findet sich übrigens weniger in England, als in Schott=
land und Irland vor.

Nach dem positiven Recht ist nun zwar die von den
Latifundien besitzenden absentees bezogene Grundrente unan=
fechtbar.

Aber zu allen Zeiten war doch das Urteil der Zeitgenossen
und namentlich der Nachwelt über die Ansammlung großer
Grundbesitzmassen und den Bezug mühelos erworbener Renten=
einkommen, ein sehr verschiedenes je nach der Verwendung,
welche die Empfänger der durch die Rechtsordnung garantierten
Grundrente derselben gegeben haben.

Neben der äußeren Gesetzmäßigkeit ist auch die innere
Rechtmäßigkeit der Grundrente gewöhnlich nicht bestritten
worden, wenn sie von Personen bezogen wurde, die in den
Augen des Volkes ein erhöhtes Ansehen genossen, wie die
Könige, Priester und eblen Geschlechter, oder wenn der große
Grundbesitz und ein demselben entsprechendes Renteneinkommen
gleichsam die materielle Vorbedingung bildete für eine dem
öffentlichen Wohl gewidmete selbstlose Thätigkeit ihrer Besitzer
und Empfänger, namentlich aber, wenn beide Momente zu=
sammentrafen.

Daher ist der Grundbesitz der Vollbürger im Altertum
unbeanstandet geblieben, solange sich in den Händen derselben
die Staatsgeschäfte befanden. Daher ist auch den mittelalter=

lichen Feudalherren ihr großer Besitz und ihre bevorzugte Stellung nicht bestritten worden, solange sie wichtige öffentliche Funktionen, insbesondere den Militärdienst und einen Teil der Gerichtsbarkeit ausübten.

Auch die englische nobility und gentry hat sich im unangefochtenen Besitz ihrer großen Güter und Renten zu behaupten verstanden, solange die Graffschaftsverwaltung, die parlamentarische Vertretung und die höheren Verwaltungsstellen ausschließlich auf der selbstlosen Hingabe dieser Klasse ruhten.

Endlich haben auch die Vorrechte der deutschen und namentlich preußischen Rittergutsbesitzer nachträglich ihre Rechtfertigung erhalten durch die Dienste, welche dieselben dem Staat im Heer und in der Civil= sowie in der Selbstverwaltung geleistet haben.

Aber wenn sich die Ausübung öffentlicher Funktionen von dem Besitz loslöst und ihren vollen Entgelt in einem geldwirtschaftlichen Soldsystem findet, wenn auch die großen Grundbesitzer in den in die Volksvertretungen hineingetragenen Interessenkampf hinabsteigen und hier ihre spezifischen Klasseninteressen aufs rücksichtsloseste vertreten, wenn endlich die Besitzlosigkeit der ländlichen Arbeiter immer deutlicher als der tiefere Grund der socialen Frage auf dem Lande erkannt wird, dann tritt dem positiven Recht in dem Bewußtsein des Volkes ein höheres Recht gegenüber, das zur idealen Leuchte für die Umbildung der bestehenden Zustände wird.

An einen solchen Wendepunkt der Rechtsentwicklung scheinen wir in Europa überhaupt und namentlich in Italien,

Irland und Schottland, aber auch in England in der Gegenwart gelangt zu sein. Die excentrische Grundbesitzverteilung sowie der Ausschluß des größten Teils der Bevölkerung von den Segnungen des Grundbesitzes haben namentlich in Großbritannien zu dem Ruf nach Verstaatlichung des Grundbesitzes und zur Bildung von dieses Ziel verfolgenden Parteien und Organisationen geführt.

Freilich an die dauernde Überführung alles Grund und Bodens in das Eigentum der „Nation" oder des dieselbe vertretenden Staates ist selbst in Großbritannien in absehbarer Zeit nicht zu denken; wohl aber ist die Intervention des Staates zum Zweck der Überleitung eines Teils des Grundeigentums aus den Händen der Latifundienbesitzenden absentees in die Hände mittlerer und kleiner selbstwirtschaftender und arbeitender Besitzer in Großbritannien möglich, ja sogar wahrscheinlich.

Das hier zu lösende Problem besteht daher darin, dieses Überleitungsverfahren ohne wesentliche Erschütterung des Eigentumsbegriffes durchzuführen. Daß die gegenwärtigen Grundeigentümer und der Staat zu diesem Zwecke namhafte Opfer bringen müssen, ist die geringere Schwierigkeit. Die größere besteht darin, einen Teil der ländlichen Bevölkerung, ohne daß sie einen Rechtstitel dafür besäße, zu Grundbesitzern zu machen und doch zu vermeiden, daß nicht auch auf andern Gebieten ähnliche Forderungen geltend gemacht werden. Diese Gefahr zu vermeiden ist besonders schwierig in einer Zeit, in der die bestehende Rechtsordnung und mit ihr der Eigentumsbegriff in dem Rechtsbewußtsein eines Teiles der Bevölkerung keine festen Wurzeln mehr hat und in einem Lande, in dem

es keine über dem Klassenstreit erhabene und zugleich einfluß=
reiche Instanz mehr giebt.

Die ersten schwachen Versuche zu einer solchen zwischen
den Interessen des Besitzes und der Arbeit vermittelnden
Gesetzgebung liegen bereits in dem irischen Land act von 1870
und in dem englischen Agricultural Holdings Act von 1875
vor. Beide Gesetze gewähren dem Pächter Ansprüche auf
Vergütung für gewisse Meliorationen, sowie für „Gail und
Gaare"; die sogenannten Bright clauses des irischen Land act
begünstigen auch die Übertragung der Pachtgrundstücke an den
bisherigen Pächter zum Eigentum.

Da diese Gesetze aber sogenannte Permissive acts sind,
so haben die Pächter häufig kontraktlich auf ihr Recht, für
die von ihnen gemachten Meliorationen Entschädigung zu
verlangen, verzichtet. Auch scheinen freiwillige Umwandlungen
des Pachtverhältnisses in Eigentum in Irland bisher in
größerem Umfange nicht vorgekommen zu sein.

Viel radikaler in Bezug auf die Befestigung der bestehen=
den Pachtverhältnisse ist ein für die russische Ostseeprovinz
Livland erlassenes Gesetz vom 17. Juli 1865 vorgegangen
(ähnliche Gesetze bestehen auch für die beiden anderen bal=
tischen Provinzen Est= und Kurland), sodaß jene irischen und
englischen Gesetze von 1870 und 1875 nur als ein schwaches
Echo der älteren baltischen Gesetzgebung erscheinen.

Auch in den baltischen Provinzen Rußlands hat nämlich
ähnlich wie in Großbritannien eine Zwangslösung der bäuer=
lichen Lasten und eine zwangsweise Überführung des bäuerlichen
Besitzes in das volle Eigentum des Bauern niemals statt=
gefunden. Dagegen ist, ähnlich wie in Preußen durch die
Maßregeln der Könige des vorigen Jahrhunderts, auch in

Livland (und ebenso in Est= und Kurland) in der Mitte
unseres Jahrhunderts eine Sicherstellung des bäuerlichen
Besitzstandes durch Tracirung einer Demarkationslinie zwischen
dem Bauern= und Hofesland, und durch ausschließlichen Vor=
behalt der pacht= oder eigentumsweisen Nutzung des ersteren für
Mitglieder des Bauernstandes erfolgt. Der Eigentumserwerb der
zum Bauernland gehörigen Gesinde (so heißen nach dem örtlichen
Sprachgebrauch die Bauernhöfe) kann jedoch lediglich auf Grund
freier Vereinbarung zwischen den Bauern und den Großgrund=
besitzern, als deren Eigentum die Bauernhöfe, trotz der den
Bauern an denselben ausschließlich eingeräumten Nutzung, bei
der Emancipationsgesetzgebung ausdrücklich anerkannt worden
sind, geschehen. Erscheint der Übergang der auf dem Bauern=
land etablierten Gesinde (Bauernhöfe) auch als letztes Ziel
der Entwicklung, so war dieses Ziel, weil es nur auf dem
Wege freier Vereinbarung zwischen den Gutsherren, als Eigen=
tümern, und den Bauern, als Pächtern der Bauernhöfe, zu er=
reichen war, doch nicht sofort zu erreichen. Mittlerweile
sollten aber, wie das Bauernland gleichsam zu einem Gesamt=
fideikommiß des gesamten Bauernstandes gemacht war, so
auch die einzelnen Nutznießer von Teilen des Bauernlandes,
die Pächter der einzelnen Bauernhöfe, in ihrem Besitz geschützt
werden. Dies geschah durch die Zwangsbestimmung, daß
Bauernhöfe auf längere Dauer, d. h. auf wenigstens 6 bezw.
12 Jahre, verpachtet werden müssen und daß bei Lösung
des Pachtverhältnisses infolge des Angebots eines höheren
Pachtschillings seitens eines dritten, der abziehende frühere
Pächter, wenn er von dem ihm zustehenden Vorrecht auf die
Erneuerung der Pacht keinen Gebrauch macht, außer der Ent=
schädigung für die von ihm auf Grund specieller Verein=

barung mit dem Gutsherrn vorgenommenen Meliorationen, auch einen Anteil an der während seiner Pachtzeit erfolgten Steigerung der Grundrente im Betrage des 2—3fachen der Differenz zwischen der **von ihm bezahlten** und von seinem Pachtnachfolger **zu zahlenden** Jahrespacht zu beanspruchen hat. Auch steht dem bisherigen Pächter, im Fall des Verkaufes des Bauernhofes, das Vorkaufsrecht und, falls er von diesem keinen Gebrauch macht und seine Pachtstelle an einen dritten verkauft wird, der Anspruch auf eine Summe, die einem Jahrespachtschilling gleichkommt, zu.

Das irische Landgesetz von 1881 sucht dann die Pachtverhältnisse noch weiter zu befestigen durch Gewährung der sogenannten 3 F an die irischen Pächter: der fair rent, deren Höhe, für den Fall, daß sich die zunächst Beteiligten nicht einigen können, von einem Pachtgerichtshof festzusetzen ist; der fixity of tenure, indem dem Pächter das Recht gewährt wird, die Unveränderlichkeit des Pachtzinses während 15 Jahren zu verlangen, und endlich des free sale, wonach der Pächter das Recht erhält, seine Pacht nebst den auf seine Pachtgrundstücke verwendeten Meliorationen an dritte zu veräußern.

Auch sollen nach Gladstones Arears Bill von 1881 die länger als für die 3 letzten Jahre rückständigen Pachtzinsen als verjährt erklärt und von den Pachtzinsen der letzten 3 Jahre 2 von dem Pächter und 1 vom Staat bezahlt werden.

Ferner sucht Lord Ashburns Purchase act von 1885, in weiterer Entwicklung der sogenannten Bright clauses, den Ankauf der Pachtgrundstücke durch die Pächter dadurch zu fördern, daß er den von den Zunächstbeteiligten über das bisherige Pachtgrundstück vereinbarten und von der Landkommission genehmigten Kaufpreis dem Grundeigentümer durch den Staat auszahlen läßt, wogegen der Pächter diese vorgeschossene Summe mit 4$^1/_2$ % zu verzinsen und in 49 Annuitäten zu tilgen hat. Behufs Durchführung dieser Maßregel ist von dem Parlament vorläufig ein Krebit von 5 Millionen Pfund Sterl. bewilligt worden.

Endlich ist ein noch weiter gehender Gesetzentwurf Gladstones (Purchase bill vom April 1886), welcher besonderen auf Grund des home rule zu schaffenden Specialkommissionen das Recht erteilen wollte, die Grundeigentümer gegen eine mäßige Entschädigung zu expropriieren und die Pachtgrundstücke den bisherigen Pächtern zum Eigentum zu übertragen, in den Fall des home-rule-Gesetzentwurfes verwickelt worden.

Während die Ablösungsgesetzgebung des west- und mitteleuropäischen Kontinents in diesem Jahrhundert eine im Flusse befindliche Rechtsentwicklung zum Abschluß gebracht hat, indem sie das Obereigentum der Grundherren an den bäuerlichen Hufen gegen Entschädigung aufhob und das Nutzungseigentum der Grundholden zum uneingeschränkten Privateigentum nach römisch-rechtlichem Begriff steigerte, wird somit gegenwärtig die Einschränkung des scharf individualisierten Grundeigentums der großen Grundherren in Liv-, Est- und Kurland, sowie in England und Irland erst versucht, nachdem die ehemaligen Grundholden bezw. ihre Nachfolger jedes dingliche Recht an dem von ihnen benutzten Boden eingebüßt haben und in Pächter umgewandelt worden sind.

Diesen in den oben angeführten Ländern gemachten Versuchen, einen fest auf seiner Scholle sitzenden besitzlichen Bauernstand zu schaffen, kommt in neuester Zeit eine Entwicklung entgegen, die ihren Ausgangspunkt in dem dem römisch-rechtlich ausgebildeten Individualeigentum entgegengesetzten Extrem der Rechtsbildung, nämlich in dem Kollektiveigentum hat.

In Rußland, wo im Jahr 1861 die Leibeigenschaft beseitigt worden ist und seitdem auch die Auseinandersetzung der Gutsherren mit ihren Bauern hinsichtlich der gutsherrlichen Lasten und Leistungen stattgefunden hat, ist gleichwohl das Kollektiveigentum der Gemeinde mit der Möglichkeit seiner periodischen Umteilungen unter die Gemeindeglieder, in weiten Gebieten stehen geblieben.

Hier macht sich nun neuerdings (nicht nur in der theoretischen Diskussion, sondern auch in der Praxis) namentlich in den von Bauerngemeinden und bäuerlichen Genossenschaften neu erworbenen und besiedelten Ländereien im Südosten des europäischen Rußland, aber auch auf dem Boden des alten Gemeindebesitzes die Tendenz geltend, die gleichen ideellen Seelen- oder Tjägloanteile der Bauern in reelle Anteile der bäuerlichen Familie an dem Gemeindeboden umzuwandeln und für dieselben eigentumsähnliche erbliche Rechte an diesen reellen Anteilen zu begründen. Dagegen wird zwar das uneingeschränkte Dispositionsrecht der Gemeinden über das Gemeindeland beseitigt oder bei neuen Erwerbungen nicht zugelassen, aber der Gemeinde immerhin ein gewisses Aufsichts- und Einmischungsrecht vorbehalten, ähnlich wie es die altgermanischen Gemeinden gegenüber dem Sondereigen ihrer Genossen besaßen. Auch hat die russische Staatsregierung in der schrittweise erfolgten Beseitigung der Kopfsteuer und in der Lockerung des Paßzwanges die Voraussetzungen für eine solche allgemeine Reform geschaffen.

Gelingt dieselbe, so wird dem Kollektiveigentum eines seiner wichtigsten Anwendungsgebiete entzogen sein. Dasselbe wird dann in Europa auf jene weiten, ausschließlich als Forst und Weide dienenden Mittel= und Hochgebirge der Schweiz, Österreichs, Schweden= Norwegens und anderer Gebirgsländer beschränkt, aber hier wahrscheinlich auch für immer erhalten bleiben. Gleichen doch die Gebirge aus Gründen ihrer eigentümlichen natürlichen Ausstattung überhaupt volkswirtschaftlichen Museen, in denen sich die in der Ebene abgestorbenen Wirtschafts= und Rechtsformen noch lebensfähig erhalten haben. Ich erinnere zum Belege für das Gesagte an die wenig entwickelte Arbeitsteilung im Gebirge und an die Selbstversorgung der Gebirgsbewohner mit dem meisten, dessen sie zu ihrer Lebensnotdurft bedürfen; an die Plänterwirtschaft im Gebirgswalde; an die deutliche Spuren des Nomadenlebens an sich tragende Alpenwirtschaft; endlich an das im Gebirge weit verbreitete Kollektiveigentum der Gemeinden, der kleineren Korporationen, sowie der Reste der großen Markgenossenschaften an den Allmenden. Sollen die in den Gebirgsthälern angesessenen, hauptsächlich auf die Viehwirtschaft angewiesenen Bauern der Wiesen und Weiden für ihr Vieh nicht entbehren, so darf ihnen die Benutzung der Alpentriften nicht entzogen werden. Zum Erwerb und Besitz derselben zu Privateigentum fehlt ihnen aber in der Regel die nötige Kapitalkraft. Denn bei der Notwendigkeit entsprechend den verschiedenen Jahreszeiten mit dem Vieh verschiedene Alpenstationen zu befahren, müßte ein solches Privateigentum sich auf ein sehr ausgedehntes Alpengebiet erstrecken. Wird daher das Kollektiveigentum an den Alpen durch das Privateigentum ersetzt, so wird sich dasselbe gleichsam naturnotwendig in der Hand großer Kapitalisten und Großgrundbesitzer konzentrieren. Da diese aber gewöhnlich die Alpenweiden in Jagdgründe, die hauptsächlich ihrem Vergnügen dienen, umzuwandeln pflegen, so ist damit zugleich die Existenz der umliegenden Bauern, weil sie der für ihr Vieh erforderlichen Weiden beraubt sind, außerordentlich erschwert. Es trifft dann der bekannte von Thomas Morus auf die Umwandelung der englischen Äcker in Weiden bezogene Ausspruch mit einer kleinen Variante auch hier zu, indem man sagen könnte, daß in solchen Alpengegenden, nicht wie in England die Schafe, wohl aber die Rehe und Gemsen die Menschen auffressen.

Während also für die Gebirgsgegenden das Kollektiveigentum der bäuerlichen Genossenschaften die naturgemäße Besitzform ist und bleiben wird, trifft, wie ich oben gezeigt habe, die von den entgegengesetzten Ausgangspunkten: dem russischen Gemeindeeigentum und dem individualistisch ausgebildeten Privateigentum in Großbritannien ausgehende Rechtsentwicklung auf einer mittleren Linie zusammen.

Diese weist auf die Begründung eines durch die Interessen der Gesamtheit beschränkten und individuell gesicherten Sondereigentums am Grund und Boden für diejenigen, die denselben selbst bearbeiten oder doch bewirtschaften, hin.

Im Gegensatz zu Rußland beruht die Agrarverfassung in Deutschland auf dem scharf ausgebildeten Privateigentum am Boden und im Gegensatz zu Großbritannien ist die Grundbesitzverteilung Deutschlands im ganzen eine gesunde, indem ein auf eigener Scholle selbst wirtschaftender und meist auch die grobe Feldarbeit nicht verschmähender mittlerer und kleiner Bauernstand den größten Teil des Bodens einnimmt.

Indes fehlt es doch auch in Deutschland nicht an einzelnen Ansätzen zu einer krankhaften Verschiebung der Grundbesitzverteilung.

So ist der kleine Bauernstand in einigen Teilen Süd=, West= und Mitteldeutschlands zu einem Zwerggütlertum ausgeartet, welches sich dadurch charakterisiert, daß einerseits der Einzelne zu wenig Land besitzt, um von demselben leben und auf demselben seine Arbeitskraft voll verwerten zu können, und andrerseits dadurch, daß die Summe dieser Zwerggüter wieder einen zu großen Teil des Areals der betreffenden Gegend einnimmt.

Dieses Zwerggütlertum weist auf das Bevölkerungsproblem zurück: auf die starke Volksvermehrung, den Hang zum Erwerb und Besitz einer eigenen Scholle, das Kleben der Bevölkerung an derselben selbst bei dürftigster Lebenshaltung u. s. w. Auch wird dieser Schädling der deutschen Grundbesitzverteilung durch eine Reihe socialer Institutionen, wie das Allmendwesen, die gleiche Naturalteilung des Grund und Bodens im Erbwege u. s. w. begünstigt.

Wenn das Zwerggütlertum eine Deutschland und zum Teil auch Frankreich eigentümliche Erscheinung ist, die in Großbritannien ihresgleichen nicht hat, so erinnern dagegen die Ansätze zur deutschen Latifundienbildung an die Zustände

Englands, Irlands und Schottlands. Nur ist die Konzentration eines umfangreichen Grundbesitzes in wenigen Händen in Deutschland bisher nur auf einige wenige Gegenden beschränkt gewesen, während sie in Großbritannien allgemein ist. Immerhin ist auch in Deutschland die Tendenz zur Agglomeration des Grundbesitzes in den letzten Jahrzehnten stärker geworden und haben Absenteeismus und Pachtsystem in demselben Grade an Ausdehnung gewonnen, in dem dieser Prozeß vorgeschritten ist.

Und wie in Großbritannien, so geht auch in Deutschland der Agglomerationsprozeß größtenteils von dem rechtlich gebundenen Grundbesitz aus, oder wird doch durch die nachträgliche Vinkulierung des im freien Wettbewerb erworbenen Großgrundbesitzes gefördert.

Beide aufs engste unter einander verbundene Erscheinungen, die wachsende Agglomeration und zunehmende rechtliche Bindung des Grundbesitzes, sind zurückzuführen einerseits auf die Vermehrung und Konzentrierung des beweglichen Kapitals in einigen wenigen Händen, sowie das stärkere Hervortreten einer konservativ-aristokratischen Strömung unter den besitzenden Klassen, und andererseits auf den geringen Widerstand, welchen der dem freien Verkehr unterworfene Grundbesitz der Umklammerung durch das bewegliche Kapital und den Großgrundbesitz entgegenzusetzen vermag.

Dieser geringe Widerstand wird aber in Deutschland und ebenso in Österreich wesentlich begründet oder doch verstärkt durch die wachsende Verschuldung des dem freien Verkehr unterworfenen Grundbesitzes, zu dem u. a. der gesamte mittlere und kleinere Grundbesitz gehört.

Und zwar deshalb, weil diese Verschuldung nur zum

Teil zu produktiven Zwecken erfolgt, zum Teil dagegen eine Folge des Kaufs und der Übernahme von Grundstücken zu hohen Preisen und mit unzureichenden Mitteln und in dem letzteren Jahrzehnt der agrarischen Krisis auch eine Folge der die Ausgaben nicht immer deckenden Einnahmen der Grundbesitzer ist. So sind denn die diesen Schulden entsprechenden Werte nur zum geringeren Teil dem Werte des Grund und Bodens z u g e w a c h s e n, zum größeren Teil dagegen demselben e n t f r e m b e t worden.

Das Resultat dieser Verschuldung ist, daß in Deutschland im weitesten Umfang eine neue Art des geteilten Eigentums sich ausgebildet hat, indem der Grundeigentümer zwar f o r m e l l in seiner Benutzung des Grund und Bodens und in seiner Verfügung über denselben uneingeschränkt, m a t e r i e l l aber durch die auf demselben lastenden Schulden nicht selten stark beschränkt ist. Auch ist seine Lage um so prekärer, je größer der f e s t b e s t i m m t e Teil des Gutsertrages ist, den er seinem Gläubiger als Zins und Amortisationsquote in festen Terminen abzugeben hat, je größeren S c h w a n k u n g e n diese Erträge selbst infolge des verschiedenen Standes der Ernte, sowie der Preise für die Produktionsfaktoren und Produkte unterworfen sind und je schwerer es ihm wird, die Produkte seiner Wirtschaft zum Zahlungstermine in Geld zu realisieren.

Auf diese prekären Existenzen nun wirkt das bewegliche Kapital und der große geschlossene Grundbesitz wie der Magnet auf das Eisen, indem er sie an sich heranzieht, um sie untrennbar mit sich zu verbinden.

So ist denn das Grundbesitzproblem der Gegenwart in Deutschland ein anderes als in Großbritannien, indem es in

Deutschland im großen und ganzen, also abgesehen von den Gegenden der Zwerggüter- und Latifundienbildung, wesentlich darauf ankommt, den vorhandenen mittleren und kleineren Grundbesitz zu erhalten und ihn in seiner Widerstandsfähigkeit zu stärken, nicht aber — abgesehen von jenen Ausnahmen — wie in Großbritannien einen solchen erst zu schaffen.

Damit bin ich an den Schluß meiner Vorlesung gelangt, in der ich das agrarpolitische Problem der Grundbesitzverteilung in breiter geschichtlicher Ausführung behandelt, aber, wie Sie mir entgegenhalten können, die Art seiner Lösung kaum gestreift habe. Hätte ich auch auf diese Lösungsversuche näher eingehen wollen, so wäre ich genötigt gewesen, Ihre Gedulb für ebenso viele Stunden in Anspruch zu nehmen, wie mir Minuten zur Disposition standen. Daher habe ich auf die Behandlung dieser zweiten Aufgabe heute verzichten müssen.

Immerhin dürfte schon die richtige Diagnose des von mir behandelten Problems, vorausgesetzt, daß mir dieselbe gelungen ist, nicht wertlos sein. Ist sie doch die notwendige Voraussetzung für das einzuschlagende Heilverfahren.

Bevor ich schließe, gestatten Sie mir noch einen Wunsch auszusprechen.

Wie ich am Anfange meines Vortrages meiner Freude über das Zusammenwirken mit einem Specialkollegen Ausdruck gab, dem es gelungen ist, einen Kreis ergebener Schüler um sich zu sammeln, so lassen Sie mich jetzt wünschen und hoffen, daß es auch mir beschieden sein möge, für die von mir vertretene Wissenschaft Teilnahme, und mehr als das: thätige Mitarbeit zu finden. Meiner strengsten Objektivität und meiner vollsten Hingabe können diejenigen, die sich meiner Leitung anvertrauen wollen, sicher sein, und an Objekten für die wissenschaftliche Arbeit wird es in Österreich, diesem volkswirtschaftlich interessanten Lande, gewiß auch nicht fehlen.

Printed by Libri Plureos GmbH
in Hamburg, Germany